LA
RÉFORME ADMINISTRATIVE

ET LA

CONCENTRATION DES FORCES RÉPUBLICAINES

PAR

L.-G. MAURICE,

Membre du Conseil général de la Marne.

COMPTE-RENDU DE LA CONFÉRENCE

FAITE A LA CHAUSSÉE LE 20 FÉVRIER 1887.

VITRY-LE-FRANÇOIS

Typographie PESSEZ et Cᵉ, rue Dominé de Verzet, 13.

1887

LA RÉFORME ADMINISTRATIVE

ET LA

CONCENTRATION DES FORCES RÉPUBLICAINES.

Le dimanche 20 février 1887, à 7 heures du soir, M. L.-G. Maurice, conseiller général de la Marne pour le canton de Vitry-le-François, a fait à La Chaussée une remarquable conférence sur la *Réforme administrative* et la *Concentration des forces républicaines.*

Organisée par le Cercle républicain de la localité, cette conférence a eu lieu dans une des salles de M. Vignat devant un nombreux auditoire.

A l'heure fixée, les organisateurs et le conférencier, M. Maurice, conseiller général, prennent place sur l'estrade pendant que la fanfare *L'Union républicaine,* de Songy, enlève brillamment une ouverture.

L'assemblée appelée à constituer le bureau de la réunion nomme par acclamations MM. Garnier-Hanusse, maire, *président ;* Léon Cosquin, adjoint, *vice-président;* Jules Haller, conseiller municipal, *secrétaire ;* Adolphe Poulet et Xavier François, *assesseurs.*

M. le président présente le conférencier et lui donne la parole.

M. Maurice, après avoir donné une nouvelle assurance de son entier dévouement à la chose publique et remercié les organisateurs de la réunion, aborde le sujet de la conférence : « *La réforme administrative.* »

L'organisation administrative que nous possédons et que, suivant une formule consacrée,

l'Europe nous envie, remonte au 28 pluviôse de
l'an VIII de la République. Pour bien faire
comprendre les raisons qui ont amené la création de nouvelles divisions administratives et
la nomination de nouveaux fonctionnaires, M.
Maurice après avoir parlé du coup d'Etat du 18
brumaire explique le mécanisme de la Cons-
titution du 22 frimaire an VIII ; il examine
dans quel état se trouvait l'administration
française à la même époque et il commente
longuement la loi de pluviôse sur l'administration. Cette loi, qui plaçait un représentant
du pouvoir exécutif à tous les degrés de l'é-
chelle administrative, donnait vie à une nouvelle circonscription, l'arrondissement qui allait
permettre à Bonaparte, premier consul, de se
passer des municipalités cantonales. A la tête
de cette nouvelle division, on plaça le sous-
préfet, agent de transmission, indispensable en
l'année 1800, mais qui joue aujourd'hui un rôle
absolument effacé. Les préfets, les sous-préfets,
maires furent nommés immédiatement aussi-
tôt l'adoption de la loi par le corps législatif.
M. Bourgeois de Jessaint fut le premier préfet
de la Marne et M. de Torcy le premier sous-
préfet de Vitry-le-François.

On se souvient qu'incidemment la Chambre
des députés en quête d'économies avait voté
la suppression des sous-préfectures, lors de la
dernière discussion du budget du ministère de
l'intérieur. Ce vote, qui avait entraîné la chute
du ministère, a été le point de départ d'une
quantité de projets sur la réforme administrative.

Le premier à examiner, est celui déposé le 17
janvier 1887, sur le bureau de la Chambre par
M. Réné Goblet, le nouveau président du conseil
des ministres. Le projet ministériel porte suppression de soixante-six sous-préfectures au
nombre desquelles figurent celles de Vitry-le-
François et Sainte-Menehould. Pourquoi 66 ?
Pourquoi Vitry et Sainte-Menehould plutôt

que Reims et Epernay ! La discussion à la Chambre seule peut nous renseigner à cet égard. Mais en attendant, il a été permis de constater le mauvais effet que ce projet a produit ; comme l'avait justement annoncé M. Maurice, le 2 janvier, à la réunion de Saint-Lumier, il a mécontenté tout le monde ; partisans et adversaires de la suppression des arrondissements et des sous-préfets se donnent la main pour le combattre et dans ces conditions il est probable qu'il sera repoussé.

Mais que d'inquiétudes M. Goblet a causées avec son projet ! Les députés, les conseillers généraux, d'arrondissement, municipaux, les journaux des circonscriptions intéressées, ont organisé un vaste pétitionnement. Les pétitions, destinées au Parlement, énumèrent longuement les conséquences regrettables qui résulteraient de l'adoption du projet ministériel. Il faut reconnaître que ces doléances sont fondées dans une certaine mesure, mais au triple point de vue politique, administratif et financier que d'exagérations ! Sans s'en plaindre puisqu'elles ont pour but la conservation des circonscriptions menacées, *66 malheureuses*, comme cela a été dit avec beaucoup de justesse, M. Maurice s'attache à démontrer que l'influence politique des sous-préfets est nulle; que les affaires sur lesquelles ils peuvent statuer en vertu du décret du 23 avril 1861 sont insignifiantes, et qu'ils sont surtout des agents de transmission et d'information ; leurs attributions peuvent être remises aux Préfets et aux Maires. Il est facile, beaucoup plus facile, de se rendre maintenant à la préfecture qu'en l'année 1800 et il est ridicule d'objecter que les maires obtiendront difficilement des audiences du préfet. En général, les solliciteurs ne font pas queue dans les antichambres préfectorales, il sera donc toujours facile de voir le préfet ou le secrétaire général. Les maires sont assurés, en se rendant au chef-lieu, d'y trouver quel-

qu'un prêt à les renseigner, et, ce qui sera
m'eux, prêt à donner une solution à l'affaire qui
les y amenait. Chacun sait qu'il y a plusieurs
années déjà que les sous-préfectures de Sceaux
et de Saint-Denis ont été supprimées, or depuis cette époque on n'a jamais entendu un
maire suburbain protester contre cet état de
choses ou bien se plaindre de ne pas avoir été
reçu à la préfecture de la Seine où le nombre
des demandeurs est certainement plus grand
que dans une préfecture de province.

Il n'est pas établi que la suppression totale
ou partielle entraînera celle du tribunal civil,
des officiers ministériels, de la conservation
des hypothèques, de la recette des finances.

C'est une menace partie, on ne sait d'où, qui
ne se réalisera pas, M. Goblet lui-même est
resté muet sur ces divers points. Il ne faut
donc pas s'effrayer outre mesure. Si on se place
au point de vue commercial, on doit reconnaître que ce n'est point à leur titre de chef-
lieu d'arrondissement que certaines villes doi-
vent leur importance mais bien à une situation particulière et aux industries locales : té-
moins le Havre et Reims. Le conférencier, dit
qu'on ne saurait rendre le projet ministériel,
responsable de la crise que traverse le commerce de détail tel qu'il existe dans les petites
villes. Le mal est plus ancien et il est dû à bien
des causes au nombre desquelles pourrait
figurer en première ligne le malaise agricole.
C'est le cas de Vitry, où, détail curieux et bon
à noter, les personnes qui prédisent bruyam-
ment la disparition du commerce local avec
la sous-préfecture sont précisément celles qui
ne font rien pour le rendre prospère, celles
qui achètent tous les objets dont elles ont
besoin à Paris, qu'il s agisse de leur ameuble-
ment, de leur habillement, etc. etc. Et les
mêmes personnes gémissent en public sur le
sort de nos malheureux commerçants qui ne
trouvent plus à placer leurs marchandises.

M. Maurice rend compte de la réunion des
Conseils généraux et d'arrondissement à la
suite de laquelle une pétition a été adressée à
la Chambre des députés et au Sénat. Il répond
aux attaques dont il a été l'objet avant et après
cette réunion et il relève les inexactitudes, les
propos injurieux qui émaillent certains jours
des feuilles qu'il ne veut pas citer. A Saint-
Lumier, alors qu'on ignorait ce que serait le
projet Goblet, M. Maurice a déclaré que si les
conseils généraux étaient consultés sur la question des sous-préfectures, il voterait pour la
suppression totale ; il ne pouvait accepter la
suppression partielle proposée par le ministre.
Voilà pourquoi en compagnie de ses collègues
du Conseil général, et des membres du Conseil
d'arrondissement il a protesté contre la suppression partielle qui, telle que la comprend
M. Goblet, ne constitue pas une réforme, mais
bien une désorganisation de l'administration.

M. Maurice est hostile à l'extension des pouvoirs des sous-préfets qui ne peut se faire
qu'au détriment des libertés communales, car
il est douteux qu'on enlève aux préfets une
partie de leurs attributions. Pour l'instant le
vent ne paraît pas être à la décentralisation.

M. Maurice résume une étude sur la réorganisation administrative de la France due à M.
Jules Roche, député. Il s'agirait, pour avoir
une France régulière, logiquement organisée,
facile à administrer à très peu de frais, de pro-
céder à un remaniement général et à une nouvelle division. La façon paradoxale dont M.
Roche envisage cette division peut donner
lieu à un projet sérieux, capable de soutenir
la discussion, c'est ce qui la distingue du projet Goblet. Mais beaucoup de gens estiment que
notre pays est déjà bien assez divisé comme
cela. La conservation des anciennes divisions
étant admise, c'est ailleurs qu'il faut chercher
la solution.

La suppression des conseils de préfecture a

été l'objet d'une proposition de loi signée de MM. Chevillon, Barodet, Henry Maret ; une courte analyse en est donnée par le conférencier. D'après lui on ne peut songer à supprimer les conseils de préfecture qui sont non seulement des tribunaux administratifs mais encore de véritables écoles d'administration. De ce côté, on doit se borner à mettre au concours les fonctions de conseiller de préfecture.

L'idée, timidement émise du reste, de supprimer les préfectures ne mérite pas l'honneur d'un examen.

Le projet de réforme administrative le plus sérieusement conçu est celui de M. Colfavru. Ce député est d'avis de rompre résolument avec le système de l'an VIII et de rentrer dans la tradition des Constitutions de 1791, de 1795 et de 1848 : Décentralisation administrative ; large initiative des conseils électifs ; forte concentralisation du pouvoir exécutif bien nécessaire et sauvegarde de l'unité nationale. C'est dans cet ordre d'idées que M. Colfavru propose : Suppression de l'arrondissement et de son conseil ; suppression des sous-préfectures ; réorganisation des conseils de préfecture comme auxiliaires et agents du pouvoir exécutif ; création du canton comme personnalité morale, civile et juridique ; organisation des conseils cantonaux.

Ce projet étant la base d'une organisation vraiment démocratique, M. Maurice pense qu'il a beaucoup de chances d'être adopté par la Chambre des députés, si celle-ci veut bien en faire une étude sérieuse et réfléchie. On pourrait s'occuper également de rechercher les réformes à accomplir dans les ordres judiciaire et financier. L'extension des pouvoirs des juges de paix, la suppression des recettes des finances ou celle des trésoreries générales, sont des points sur lesquels les républicains de toutes nuances font peu d'objections. Pourquoi ne pas les comprendre dans un vaste

projet de réorganisation administrative ? Sup ·
primer les emplois dont le temps a démontré
l'inutilité, c'est réduire notablement certaines
dépenses, c'est inaugurer cette politique d'é-
conomie, réclamée par tous les contribuables.
Et en attendant ces améliorations, M. Maurice
émet le vœu que l'administration de la France
républicaine soit entièrement confiée à des
administrateurs républicains.

Des applaudissements soulignent cette première partie de la conférence, puis M. Maurice se met à la disposition des assistants qui
auraient des questions à lui poser sur le sujet
qu'il vient de traiter. Personne ne demandant
la parole, il annonce que des jeunes gens d'A-
blancourt vont quêter au profit de la famille
Godard dont le modeste avoir a été la proie des
flammes lors de l'incendie du 2 février dernier;
il fait appel à la générosité bien connue des
habitants de La Chaussée qui ne refuseront
certainement pas leur offrande à cette œuvre de
bienfaisance.

La quête a lieu pendant que l'*Union républicaine* se fait entendre et applaudir à nouveau. Puis M. le président avertit l'auditoire
que le conférencier va traiter le sujet qui doit
remplir la seconde partie de la conférence.

Sous le titre de « *la Concentration des forces
républicaines*, M. Maurice rend compte des tra-
vaux du Congrès républicain qui s'est tenu à
Paris le 17 février dernier, et auquel il a assisté ; puis il expose la situation tant à l'intérieur qu'à l'extérieur.

L'assemblée se composait de sénateurs, de
députés, de conseillers généraux, de conseillers
d'arrondissement, de journalistes de Paris et
de la province, au nombre de deux cents en-
viron. MM. Diancourt, sénateur, Margaine,
Faure, députés, Lelièvre, conseiller d'arrondissement, Réal, de l'*Indépendant rémois* et le

conférencier y représentaient plusieurs comités du département de la Marne.

Le délégué du comité d'initiative M. Jules Steeg, député, nommé président défiaitif, y a prononcé un long discours sur la nécessité de posséder dans les départements une organisation républicaine en vue des élections législatives futures, et de propager les principes républicains non-seulement dans les faubourgs des grandes villes mais presque dans les plus modestes hameaux.

L'idée d'organiser le parti républicain n'est pas nouvelle ; elle remonte au lendemain des élections d'octobre 1885. Dans la Marne et dans l'arrondissement de Vitry en particulier, rien n'a été négligé pour réaliser cette idée, et si aujourd'hui le fonctionnement des comités organisés laisse encore à désirer, c'est que l'administration supérieure a refusé l'autorisation prévue par la loi du 10 avril 1834.

M. Maurice regrette que l'assemblée, sur la demande du comité d'initiative, ait renoncé à l'élaboration d'un programme sur lequel les diverses fractions républicaines auraient pu se mettre d'accord.

Un programme, a dit le président, serait d'une inutilité parfaite, le conférencier n'est pas de cet avis.

Cette renonciation est regrettable car sur quel terrain s'entendre ? Le malentendu qui existe entre républicains doit-il subsister ? Qui aura raison de M. Steeg, qui dit : « Nous sommes des républicains de transaction », ou de M. Joseph Reinach qui lui répond : « Restons ce que nous sommes » ? En présence de ces deux courants qui se manifestent dans le camp dit « opportuniste » (expression que M. Maurice regrette d'avoir à employer car il ne devrait y avoir qu'un grand parti républicain) la réponse n'est point douteuse, le pays ne peut ni reculer, ni rester sur place ; il continuera sa marche en avant sans s'inquiéter des rivalités

mesquines qui existent entre tels et tels per-
sonnages du moment.

M. Maurice prend les programmes des deux
groupes républicains et montre que l'union
pouvait se faire sur un programme commun
et qu'elle aurait été féconde. La division a des
effets malheureux : A la Chambre une année
est insuffisante pour voter le budget et en
pleine paix il faut recourir aux douzièmes pro-
visoires ; dans le pays cette situation peut
amener le découragement. Il est heureux pour
les républicains que la conception d'une droite
républicaine soit morte avec son auteur, M.
Raoul Duval, un homme de talent devant lequel on ne pouvait que s'incliner. D'autre part
la gravité de la question extérieure commande
la sagesse et l'union.

Le conférencier parle des bruits de guerre et
recommande le calme ; ne nous laissons en-
traîner ni à de dangereuses bravades ni à des
paniques plus dangereuses encore ; il rend
hommage au patriotisme du général Boulan-
ger, ministre de la guerre, et regrette de comp-
ter au nombre de ses adversaires acharnés, les
membres du groupe républicain qui sous le
titre de *Comité national* tente en ce moment
l'œuvre d'organisation et de propagande républicaines, dont il a parlé précédemment. Il fait
aussi remarquer que le général patriote, n'a
pas de meilleurs soutiens que les républicains
d'avant-garde.

M. Maurice craint que l'entreprise du 17 février reste sans résultats pour l'ensemble du
parti républicain et pour le bien du pays. On
arrivera, tout au plus à grouper la moitié des
républicains, et il faudra s'estimer heureux si
dans les luttes futures, dès demain peut-être,
on ne se lance contre l'autre moitié, en raison
de la nouvelle devise : « Le radicalisme voilà
l'ennemi ! » Le conférencier félicite la masse
électorale qui, depuis cette date d'octobre 1885,
n'a cessé de faire preuve de bon sens, d'union

et que rien n'a arrêté dans sa marche en
avant. Les soldats ont été plus sages que les
chefs ; dans la Marne par exemple ils ont réa-
lisé cette concentration des forces républicaines, au 14 octobre 1885, au 1er août 1886, et M.
Maurice a la conviction qu'aux prochains
scrutins, unis et disciplinés, ils repousseront
encore les hommes de recul et les réactionnai-
res qui sont les pires révolutionnaires.

Des applaudissements et les cris de « Vive
la République » montrent au conférencier
qu'il a été compris et que les idées républicaines ont des racines trop profondes dans la localité pour être abandonnées.

M. Maurice après avoir reçu les félicitations
des membres du bureau, adresse des remercie-
ments à tous : aux auditeurs qui l'ont écouté
avec une attention soutenue et bienveillante ;
aux membres du bureau qui ont bien voulu l'as-
sister en cette circonstance ; enfin aux membres de la fanfare l'*Union républicaine*, et à leur
zélé directeur, M. Adolphe Cagnon, dont le gra-
cieux concours a rehaussé l'éclat de la réunion.

L'heure étant avancée, les assistants se sont
retirés paisiblement après avoir écouté et ap-
plaudi chaleureusement les hymnes nationaux :
la Marseillaise et le Chant du Départ, exécutés
magistralement par l'*Union républicaine*.

Cette réunion avait un caractère purement
local ; elle n'avait été annoncée dans aucune
des communes voisines et elle a été couronnée
cependant d'un véritable succès. C'est un en-
couragement pour les hommes dévoués qui
composent le cercle républicain de La Chaussée, et nous souhaitons de les voir persévérer
dans la ligne de conduite qu'ils se sont tracée,
c'est aussi le vœu de toutes les personnes qui
ont assisté à la conférence dont nous venons
de rendre compte.

UN RÉPUBLICAIN.

Vitry-le-François, Typ. PESSEZ et Cᵒ